AF338542

RAPPORT

FAIT

A L'ASSEMBLÉE GÉNÉRALE

DE

LA SECTION DE 1792,

CI-DEVANT LA BIBLIOTHEQUE,

Par les Commissaires nommés en l'Assemblée gé-
rale du 12 Août 1792, à l'effet de prendre
tous les renseignemens, & faire les recher-
ches nécessaires sur la conduite du Bataillon,
en particulier des Grenadiers des ci-devant
Filles Saint-Thomas.

Et dont l'impression est ordonnée, par arrêté du 10 Août.

MESSIEURS,

Vos Commissaires ont été chargés par vous
d'une mission bien délicate ; le résultat de
leurs opérations n'est sans doute pas aussi sa-
tisfaisant qu'ils l'auroient desiré ; mais ils ne
vous scelleront aucuns des faits qui sont venus à leur connoissance ; enfin , ils vous
parleront le langage d'hommes libres ; ils ta-

A

cheront de claffer, avec le plus de précifion qu'il leur fera poffible, 1°. ceux dont les vertus doivent les faire honorer de leurs freres ; 2°. ceux qui, n'ayant que leurs confcience pour guide, en ne fe mêlant point de politique, font appellés *Modérés* ; 3°. les efprits foibles, qui fe laiffant entraîner par des fuggeftions perfides, fuivent le torrent qui les entraînoit vers la quatrième claffe ; nous appellerons ceux-ci les *Égarés*, quoiqu'auffi coupables en apparence que la quatrième claffe, méritent cependant que l'Affemblée les traite avec moins de rigueur que ceux de la quatrième claffe ; la quatrième claffe enfin, les gens vendus à la Cour, dont les propos infidieux ne faifoient rien fur les premiers, fi non de les pénétrer de douleur en les entendant, tourmentoient les feconds, & croyoient trouver dans la troifième claffe des inftrumens aveugles de leur férocité.

Avant que de procéder à la dénomination des individus Grenadiers & autres qui doivent être compris, inculpés ou déclarés bons Citoyens ; vos Commiffaires mettront fous les yeux de l'Affemblée quelques faits particuliers paffés antérieurement, & qui ont amené la journée du 10 Août, journée à jamais mémorable dans les annales du monde.

(3)

Depuis quelques tems le Thermometre du
patriotifme, étoit abfolument tombé, fi on
n'en excepte quelques vrais amis de la liberté,
qui n'ont jamais compofé avec leurs conf-
ciences ; ceux-là étoient traités de factieux, de
brigands, & s'ils vouloient foutenir leur opi-
nion avec énergie, foit fur le compte du traître
Louis XVI, foit fur fa famille, ou fur le fcé-
érat de Général, qui heureufement eft dé-
mafqué à la face de toute l'Europe, alors
ous les champions de la lifte civile, de la
Fayette & du Roi, & fur-tout la gent épau-
etiere, fe permettoient de les provoquer ;
'ai entendu, oui, Meffieurs, j'ai entendu un
Officier de ce Bataillon, à la porte du corps
le garde, dire à plufieurs Gardes Nationaux
préfents : « ce font ces fcélérats de Jacobins
qui caufent tous ces maux ; comment ! nous
ne tomberons pas un jour deffus avec des
bâtons, pour en purger la terre ! Il n'eft
peut-être pas un de vous, Meffieurs, dont les
oreilles n'aient été frappées, & dont le cœur
n'ait faigné de douleur en entendant ainfi
traiter & menacer ceux qui ont conftamment
foutenu les droits de la Liberté & de l'E-
galité, & qui ont été fi long-tems opprimés
par la puiffante faction foudoyée ou alléchée
par la lifte civile ou par ceux qui, étant fa-

(4)

lariés par l'Etat, n'avoient pas de honte de percer le fein de leur patrie.

Vous vous rappellez, Meſſieurs, la journée du 20 Juin ; eh bien ! c'eſt à peu près de cette époque que les Grenadiers & quelques Volontaires du ci-devant Bataillon des Filles Saint-Thomas, ont fait une eſpece de ſciſſion avec les autres Citoyens, parce que cette journée a donné à chacun l'occaſion de manifeſter ſa façon de penſer ſur les Citoyens ou ſur les amis de la liſte civile. Je vais vous donner à cet égard une idée de la conduite de quelques-uns des Grenadiers. Le ſoir de ce jour-là, quelques Citoyens, parmi leſquels ſe trouvoient le ſieur Chretien & moi furent aſſaillis dans le café dudit Chretien par les ſieurs Breon, Pigeon, Angibaut & un autre, qui commencerent en entrant à crier à l'infamie contre la conduite de la Municipalité, & en même tems du Maire de Paris, qu'ils déſignoient par le mot de *ſcélérat Pétion*, (ce ſont leurs expreſſions) ; que c'étoit une horreur de s'être laiſſé forcer, & qu'on ne leur ait pas donné l'ordre de tirer ſur toute cette canaille (en parlant du Peuple) qu'un coup de canon auroit fait diſparoître ; qu'on auroit par-là ſauvé la Garde Nationale d'une honte ineffaçable, & évité le pillage du Chateau. Je

(5)

ne vous entretiendrai pas, Messieurs, des ris-
ques que j'ai couru personnellement ; je m'y
exposerai toujours pour soutenir la liberté,
l'égalité, qui sont gravées dans mon cœur depuis long-temps.

Le premier soin de vos Commissaires a été
de tâcher de se procurer le contrôle de la
Compagnie des Grenadiers ; ils ont cru devoir
s'adresser au Capitaine : le Capitaine est en
fuite ; ils se sont adressés à M. l'Adjudant,
qui, par sa place, doit commander la Garde ;
mais l'Adjudant en a laissé le soin au Capitaine ; ils se sont adressés au Tambour, qui
assure ne pas connoître les Grenadiers ; alors,
Messieurs, vos Commissaires ont cru qu'au
moins, sur le regîstre du Poste où s'inscrivent
tous les Citoyens qui se présentent pour le
service, ils trouveroient les noms des Grenadiers ; mais quel fut leur surprise de trouver
le regîstre déchiré ; c'est-à-dire, que les
feuilles de service, sur lesquelles on auroit
pu se procurer les noms des Grenadiers, ont
été déchirées & brûlées depuis le 24 Juin jufqu'au 10 Août. Vous vous rappellez, sans
doute, Messieurs, la déclaration qui vous a
été faite à cet égard par le sieur Salneuve,
contre lequel vous avez sévi vigoureusement,
en le tenant aux arrêts deux fois 24 heures.

A 3

Vos Commissaires se font cependant un devoir de vous dire , relativement au sieur Salneuve , que ce Citoyen est généralement es-
timé , & que , sans doute (ils se plaisent à le
croire) , il y a , dans ce fait , plus de sensibi-
lité que de crime.

Quant à la conduite du Bataillon aux Tuileries , la nuit du 9 au 10 Août & la matinée
de ce jour , toutes les déclarations s'accordent
bien sur les différens mouvemens qui ont eu
lieu ; & à l'instant où le feu a commencé au
Château , il n'existoit qu'un peloton de 28
hommes sous le vestibule, une partie ayant ac-
compagné le Roi à l'Assemblée Nationale, le
surplus étant dans les appartemens ; il est
également constant que les Grenadiers & Volontaires qui ont traversé les appartemens par
l'escalier de la Cour des Princes, pour se rendre
à l'appartement de la femme du Roi , ont
trouvé les appartemens remplis de ces infâmes
courtisans ; les uns , revêtus d'uniforme de
Gardes Nationales & autres ; d'autres en habit
bourgeois , tous armés d'épées , de couteaux
de chasses , poignards & jusqu'aux pêles &
pincettes des feux ; que le détachement ne
pouvant passer, fut obligé de rompre ses files.

Ces Messieurs ont proposé à la Garde Nationale de se joindre à eux ; mais des Gre-

nadiers qui formoient le peloton, ont rejetté ces propofitions avec indignation.

Il eſt également conſtant , qu'auſſitôt que le feu a été commencé, ce détachement, qui déjà avoit conçu de violens foupçons fur le compte des individus Chevaliers du poignard qui les avoient ainſi acoſtés ; ces Grenadiers ont fait tous leurs efforts pour fortir du lieu où ils étoient placés ; & pour y parvenir, ils ont caſſé le cadenat & la ferrure de la grille, donnant dans le jardin , au bas de l'efcalier des cuiſines.

Tous ces faits, Meſſieurs , comme vous êtes à portée d'en juger, ne préfentent point de charge contre les Grenadiers du Bataillon ; mais ſi l'on conſidère leur conduite antérieure, ainſi que celle des Chefs qui font bien coupables , fans doute, on ne pourra efpérer de blanchir un très-grand nombre de Grenadiers & autres.

En effet, qui ne fait, & qui pourroit ne pas convenir , avec vos Commiſſaires , que depuis le 20 Juin , des détachemens du Bataillon alloient prefque tous les foirs au Château des Tuileries ; qu'arrivés là , on faifoit pofer les armes , foit en faifceaux , foit à terre; que les Officiers & Grenadiers montoient au Château, y prenoient des rafraîchiſ-

femens , & qu'un jour le fieur Taffin , Commandant , remit au Caporal un affignat de 5 liv.
pour faire rafraîchir fa troupe , compofée en
partie des remplaçans du Corps-de-Garde ;
il étoit alors minuit paffé : le fieur Rouffeau ,
& les Volontaires ou remplaçans entrèrent
chez le Suiffe , où ils dépenfèrent 5 l. 18 f. ;
favoir , 42 fols que le fieur Rouffeau , (le Caporal dont nous venons de parler ,) avoit dans
fa poche , & 3 livres 16 fols fur l'affignat :
n'ayant pas voulu , ledit fieur Rouffeau , avoir
à fe reprocher d'avoir reçu un fol qui pût
venir de la lifte civile , il remit , le lende-
main , au fieur Taffin , les 26 fols qui lui ref-
toient fur le billet de 5 livres.

Qui ne fait enfin la fcène arrivée au dîné du
30 Juillet , où fe trouvoit l'élite de la Compagnie des Grenadiers ; c'eft-à-dire , tous les
plats Valets des Tuileries , là où préfidoit le
fuyard Weynmaring , Capitaine. Ce Capitaine ,
qui , dit-on , n'a jamais ofé montrer le contrôle
de fa Compagnie ; ce Capitaine , qui , le 11
Août , fut au Corps-de-Garde , arracha du re-
giftre les feuilles qui portoient les preuves de
fa baffeffe , en portant les noms des fcélérats
qu'il avoit introduit dans la Compagnie , &
qui ont achevé de perdre le Bataillon des
Filles Saint-Thomas.

(9)

C'eſt à ce repas qu'ont aſſiſté le ſieur Webrer, frère de lait de la femme du Roi , que vous avez fait mettre en état d'arreſtation ; cet homme qui, demeurant depuis deux ans à Paris, a fait ſon premier ſervice au dîner du 30 Juillet aux Champs-Eliſées, & ſon ſecond & dernier, le 10 Août , aux Thuilleries ; Pigeon, l'un des collaborateurs d'un écrit infâme, *le Journal de la Cour & de la Ville*; Leblanc père, Leblanc fils, Guay , Ech , Laurent, Augibault, Hirtz, Leclerc, Achet , Frédéric, Philidor, Dangeſt, Boucher , Eſpaulard & autres , dont nous ne connoiſſons point les noms , mais dont la liſte a été faite au Châ-teau, la ſurveille , par le ſieur Ech , qui ſe ſont trouvés à ce dîner, dont les ſuites de-voient être , ſinon le dénouement, au moins le premier acte de la pièce , tant de fois déſirée par le Château de Coblentz (*la guerre civile*).

C'eſt à la ſuite de ce dîner que la forfan-terie a fait entreprendre , & que la lâcheté a fait abandonner ; c'eſt-à-dire , qu'à l'inſtant où la Compagnie entendit le tambour des braves Marſeillois, ils prirent la fuite avant même la fin du dîner ; & c'eſt alors que le Peuple qui s'eſt cru bravé par ces hommes , qui, en cherchant à ſe juſtifier , n'ont pu même s'empêcher de convenir , dans une adreſſe à l'Aſſemblée Nationale, faite ſous leur nom, qu'un ſcélérat s'étoit gliſſé parmi eux, & avoit crié : *vivent les Grenadiers Royaux* , & c'eſt alors que s'eſt engagé l'action. Vos Commiſſaires rendront cependant hommage à la vérité ; c'eſt qu'il ne s'eſt point trouvé à ce dîner quinze Grenadiers de l'Arrondiſſement du Bataillon ; mais, au contraire, tous ceux qui s'y ſont affiliés pour ce qu'ils appelloient ſoutenir la bonne cauſe ; c'eſt, comme nous le diſions tout-à-l'heure, à la ſuite de ce dîner, que les membres diſperſés & courrans çà & là , ſont arrivés au Corps-de-Garde de la rue Favart, en criant *aux armes , aux armes* , on aſſaſſine nos frères aux Champs-Eliſés , il faut battre la générale ; ils jettèrent tellement l'allarme dans le quartier , que les boutiques furent fermées , le paſſage des rues intercepté , les deux canons furent braqués , & tout cela , Meſſieurs , pour qui , pour un petit nombre d'individus qui croyoient être la Garde Nationale Pariſienne , mais qui n'en étoient en effet que la lie. C'eſt le 10 Août qu'a été connue la véritable Garde Nationale. Toutes les fois que la Garde Nationale ſera inſpirée par la volonté ou le génie national , rien ne pourra lui réſiſter ; mais auſſi , toutes les fois qu'une partie de cette véritable force s'écartera de la ligne , cette partie ſera écraſée.

Vous ne ſerez pas ſans doute fâchés , Meſſieurs , de connoître une partie des noms, qualités & demeures des Grenadiers de la contre-révolution , nouvellement venus dans le Bataillon. En voici un échantillon.

Cottereau , Secrétaire du Département de la Marine , Place Louis XV.

Bouillon , Agent-de-change , dont la demeure nous eſt inconnue.

Boucher , rue Sainte-Avoye , nᵒ. 18.

Boullet , rue Saint-Honoré , vis-à-vis les Feuillans.

Chevalier, rue Thevenot , nᵒ. 2.

Delamotte , rue de Richelieu , près celle Saint-Honoré , nᵒ. 14.

De Rilly , Commis à la Caiſſe de l'Extraordinaire.

Guerrin , au Petit-Carreau.

Guerin, rue des Petits Pères.

Guay , ci-devant Capitaine de la Garde du Roi, demeurant à l'Ecole Militaire.

Guicher , rue de Provence.

Jacquemot, rue du Temple , vis-à-vis celle Paſtourelle.

Janneret, rue Taitbout.

Lorimier, bâtiment des Feuillans.

Montalan, rue Sainte-Appoline, n°. 6.

Plantade, rue Saint Benoît.

Salneuve, rue aux Ours.

Machelard, rue Saint-Thomas du Louvre.

Le Beau, se disant Aide - de - Camp de M. Praslin, qui, depuis trois mois, doit partir pour l'armée, & qui, cependant, ne part point, & se trouve dans toutes les affaires.

Les frères Soubeyrand.

Vos Commissaires ne prétendent pas, Messieurs, vous donner cette Liste pour vous faire croire que tous ces hommes soient de mauvais Citoyens, mais seulement pour vous donner une idée de la composition de la Compagnie de Grenadiers, qui, sur la fin de son existence, étoit d'environ 120 hommes; & malgré toutes les recherches, nous n'avons pu en découvrir que 85, & beaucoup dans ce nombre dont nous n'avons point les demeures. Non-seulement, Messieurs, tous ces Grenadiers ne sont point taxés d'incivisme; mais, Messieurs, le sieur Etienne Lorimier, demeurant bâtiment des Feuillans, a toujours servi avec distinction, & c'est à lui que l'on a dû de ne pas voir entrer dans la Compagnie de Grenadiers un sieur Rousseau, Maître d'Armes des Enfans de France, présenté par le sieur Weber, frère de lait de la femme du Roi, & protégé ouvertement par le sieur Weumaring, Capitaine, & Taffin , Commandant ; vos Commiffaires ont même appris que, fur la plainte que le fieur Lorimier porta au fieur Guicher, Lieutenant & commandant le pofte environ quinze jours avant la journée du 10 Août, le fieur Rouffeau fe trouvant dans les appartemens à la Garde montante, il engagea le Lieutenant à le faire fortir, & fe foumit pour cela de faire quatre heures de faction de plus, afin de ne pas voir dans la Compagnie un homme fait pour la déshonorer : M. Guicher ordonna au fieur Rouffeau de fortir à l'inftant ; ce qu'il fit. M. Guicher s'eft trouvé au Château le 10 Août, & nous pouvons dire, à fon éloge, qu'il s'y conduifit comme un brave homme ; qu'accompagnant le Roi à l'Affemblée Nationale, il a recommandé à fa troupe la plus grande prudence, & fur-tout de ne pas tirer un coup de fufil.

Enfin, Meffieurs , nous compoferons la première claffe des braves gens qui ont bien mérité de la Patrie. M. Deflournelles, dont nom feul fait l'éloge, la place qu'il occupe à la Commune, celle de Commandant de Bataillon, que fa modeflie lui a fait refufer, tout enfin dars ce vertueux Citoyen nous fait propofer pour lui une mention particulière ; en conséquence, nous proposerons à M. le Préfident de vouloir bien mettre en délibération, qu'il a bien mérité de la Patrie. Accepté à l'unanimité.

MM. Tréfontaines, rue Colbert ; Guicher, rue de Provence ; Perdu, rue Faydeau ; Bérard, rue Favart ; Cahier, rue de Richelieu ; Etienne Lorimier, Peintre, bâtiment des Feuillans ; Montalan, rue..... ; Adam, rue......... ; Rameau, rue Neuve Saint-Marc ; Bouillon, rue....... ; Soret, rue Vivienne ; Déléan, à la Comédie Italienne ; Boin, rue Neuve des Petits - Champs ; de Brieres, rue de Grammont ; Duverger, à la Comédie Italienne ; Guérin, rue des Petits-Pères ; Guettier, rue..... ; Gueulette, rue de Grammont ; Hervé, rue Faydeau ; Lahier, au pâté des Italiens ; Merlieux, rue Favart, Ménier, boulevard de la Comédie Italienne ; Prévost, place des Italiens ; Frentz, paſſage de la rue Feydeau ; Savoye ; rue Vivienne ; Vincent, rue St-Marc. Nous propoſons à M. le Préſident de mettre aux voix qu'ils ont bien mérité de leurs Concitoyens, & par conſéquent de la Patrie. Accepté à l'unanimité.

La ſeconde claſſe ſera compoſée des Modérés. Ce ſont ceux qui attendoient tout des

événemens , & qui , fans fe montrer ouverte-
tement pour ou contre tel ou tel parti, faifoient exactement leur fervice , montoient
leurs gardes , & ne fe mêloient en aucune
manière des affaires du temps ni de la Compagnie : tels font MM. Blafius, de Rilly de la
Haye, Efpaulard, le Blond, Louvier, Moyen-
val, Marcotte, Madinier, Rapin, Regnier,
Rougemont, Servoifier, Tofcan, Froffard,
Bouffaton, Led'hui. Nous propoferons à l'Affemblée, à l'égard de ceux-ci , qu'il n'y a rien
à leur reprocher.

La troifième claffe fera compofée de ceux
que nous nommons les Égarés. Ce font ceux
qui ayant toujours bien fait leur fervice dans
le Bataillon jufqu'au 20 Juin, entendoient
fans ceffe les plats valets de la Cour répéter
ces mots : « Le Roi eft bien malheureux, il
» n'eft pas libre; voyez comme il effuie à
» chaque inftant des humiliations ! Ah ! fi
» M. de la Fayette étoit à Paris, & fi M. Bailly
» étoit Maire , ce malheur ne feroit point
» arrivé; Pétion eft un fcélérat, &c. », &
une infinité de propos de ce genre. A la fuite
de ces mots, on fe trouvoit au Café; les efprits
s'aigriffoient : de là les provocations contre
les Patriotes; de là les menaces, & quelque-
fois les coups; & du Bataillon, le plus uni

dans le commencement de la Révolution, on
en avoit fait un repaire de brigands qui s'y
réfugioient de tous les coins de Paris. Nous
n'inculperons cependant aucun des Grenadiers
de cette claſſe d'avoir trempé dans aucun com-
plot, non plus que d'avoir trempé la main dans
le ſang de leurs frères ; nous vous propoſe-
rons, à leur égard, de les faire paroître devant
l'Aſſemblée Générale, & de leur enjoindre
d'être à l'avenir plus circonſpects dans leur
conduite ; cette punition légère, jointe à leur
repentir, rendra à la Patrie des Citoyens ; à
des épouſes affligées, des maris ; à des mères,
des enfans, & à leurs frères d'armes, des
camarades. Nous mettrons dans cette claſſe,
MM. Laurent, Bréon Delamotte, Drugeon,
Dietrick ; Fréderic Philidor, Fénis, Hirtz,
Achét, Laureau, Leclerc, Perben, Paulmier,
Day de Saint-André, Day de Saint-Achille,
& Tailleboſt, Plantade.

Il nous reſte à parler de la claſſe coupable,
Meſſieurs ; &, certes, ceux-là ſont bien coupables, qui, abuſant de leur eſprit, de leurs
noms, ou des places qu'ils occupoient, cherchant à ſéduire, les uns par la vanité, les
autres par l'eſpoir de la récompenſe, ont
entraîné, non dans le crime, mais dans des
erreurs dont ils ſe repentiront ſans ceſſe, les

malheureux Grenadiers égarés dont vous ve-
nez d'entendre les noms. Ceux-là, Messieurs,
ils ne nous appartient-pas de prononcer sur
leur compte, c'est aux Loix seules à les pu-
nir, & nous n'aurons point à nous reprocher
d'avoir provoqué la fureur du Peuple, toujours juste, mais terrible envers ceux qui
en veulent à sa liberté ; mais nous devons à
nos Concitoyens un compte sincère & fidèle,
& c'est avec regret que nous nous trouvons
forcés de nommer les sieurs Dangest, décoré
de la croix de Saint-Louis ; Leblanc, aussi
décoré de la croix de Saint-Louis, & Leblanc,
fils, ancien Garde du Roi ; Gay, ancien Capitaine de la même Garde ; Janneret, la Mer-
lière, Parizeau, Boucher, tous trois Commissaires de la Comptabilité Nationale ;
Parceval de Grandmaison, demeurant, rue
S. Thomas-du-Louvre ; Webert, Wenmaring ;
Machelard ; Piquet, Aide-de-camp de la
Fayette ; Piquet son frère, Capitaine de la
Garde du Roi, & Angibaut. Nous porterions
aussi dans cette classe, les sieurs Tassin ; Bos-
cary, Commandans, & les frères Soubeyrand,
dont l'un a été Aide-de-camp de l'infâme
la Fayette ; Bazancourt. Nous ne devons pas
laisser ignorer que le sieur de Prissy, aussi
Commissaire de la Comptabilité Nationale,

a été tué au Château des Tuileries, tirant sur le Peuple.

Tel est, Messieurs, le résultat du travail pénible dont vous nous avez chargés ; forts de notre conscience, nous demandons hommages pour les uns, justification pour les autres, indulgence pour les Égarés, & vengeance des Loix contre les coupables qui sont prévenus de crime dans la journée du 10 Août.

Pour copie conforme a l'original, & ont signé, Vergne, Chrétien, Delfieux, Thomé, *Commissaires.*

De l'Imprimerie d'Ant.-Jos. GORSAS, rue Tiquetonne, N°. 7. 1792.